GEMÜSE-SPIRELLI

Nudelglück mit dem Spiralschneider

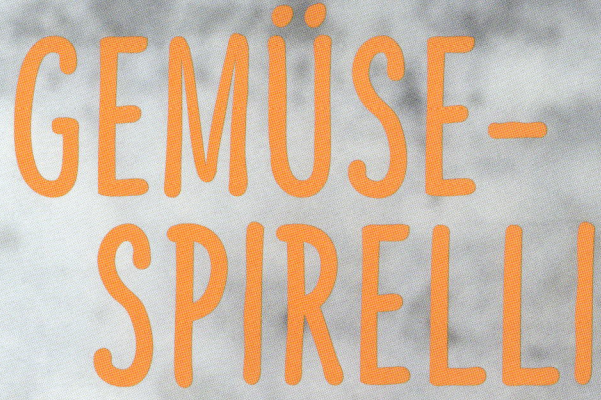

Autorin: Tanja Dusy | Fotos: Kramp + Gölling Fotodesign

INHALT

TIPPS UND EXTRAS

8 NUDELSALATE UND SNACKS

28 NUDEL, PASTA & NOODLES

COVER-
REZEPT

Das grüne Blatt bei den Rezepten heißt
fleischloser Genuss:
Mit diesem Symbol sind alle vegetarischen
Gerichte gekennzeichnet.

44 NUDELN NEU IN FORM

SCHLANK, BUNT UND GESUND

Gemüsenudeln machen Furore: Als gewitzter Low-Carb-Ersatz für Pasta und Co. bringen sie zusätzlich jede Menge Vitamine und Abwechslung auf den Teller!

GESUND UND CHIC

Alle, die sich gerne gesund ernähren, wissen Gemüsenudeln zu schätzen: Vitamine, Mineral- und sekundäre Pflanzenstoffe halten zusätzlich fit und gesund. Ein guter Grund, sich häufiger für Gemüse alla carbonara zu entscheiden. Oder besser noch für einen Salat mit rohen Gemüsenudeln, in denen alle gesunden Inhaltsstoffe vollständig enthalten sind. Die einzige Regel lautet: je bunter, desto besser. Am besten essen Sie sich einfach quer durch den Gemüsegarten, um sich möglichst unterschiedliche gesunde Inhaltsstoffe zu sichern. Das bringt darüber hinaus jede Menge Farbe und Spaß auf den Teller. Denn auch das sind Veggie-Noodles: spannende, neue Gerichte, mit neuen Aromen und in überraschendem Nudel-Look.

QUER DURCHS NUDELBEET

Außer einem geeigneten Spiralschneider (siehe Klappe vorne) ist für die Gemüsenudelküche eigentlich kein technischer Schnickschnack erforderlich. Neben den beliebten Zucchini lassen sich damit auch viele andere Gemüse- und Obstsorten verarbeiten, wenn sie folgende Voraussetzungen erfüllen: Sie müssen fest sein und sollten kaum Fasern, Samen, Kerne oder Kerngehäuse enthalten. Weiche Gemüse wie Aubergine oder Avocado eignen sich nicht. Bei Hand-Spiralschneidern sollten die Gemüse(stücke) eine gewisse Mindestlänge haben, um sie gut halten zu können, und nicht zu dünn sein, damit sie richtig fixiert sind.

»Zoodles« sind der neueste Foodtrend. Aber nicht nur »Noodles«, also Nudeln aus Zucchini, wie die nette Wortschöpfung sich erklärt, sind in aller Munde. Auch Spiralen aus Möhren, Süßkartoffeln und vielen anderen Gemüsesorten sind immer häufiger auf den Tellern Figur- und Gesundheitsbewusster zu finden: Als Pastaersatz halten sie innerhalb einer Low-Carb-Ernährung nicht nur den Kohlenhydratanteil niedrig, sondern können auch, was Fettgehalt und Kalorienzahl angeht, punkten: die ersten Nudeln, die richtig schlank machen.

VOLL AUFDREHEN

Am einfachsten und schnellsten lassen sich Gemüsenudeln mit dem Kurbel-Spiralschneider herstel-
len. Um hier optimale Ergebnisse zu erzielen, sollte
man jedoch einige Punkte beherzigen, die auch in
den Rezepten in verkürzter Form angegeben werden: Die Gemüsestücke sollten immer mindestens
ca. 3–4 cm lang sein, besser länger, und mindestens einen ebenso großen Durchmesser haben.
Sind sie dünner, erhält man statt langer Spiralen
kurze halbmondförmige Stücke.

Das vorbereitete Gemüse an beiden Enden gerade
abschneiden, sehr lange Gemüse wie Gurken einmal quer halbieren. Jetzt das Gemüse hinten richtig
mittig auf die dornige Kurbelscheibe und anschließend vorne mittig vor den Messern aufsetzen und
fest andrücken. Nun gleichmäßig kurbelnd durch-
drehen. Im Idealfall erhält man so eine Reihe zu-
sammenhängender sehr langer Nudeln, die man
zum weiteren Verarbeiten mit einer sauberen Kü-
chenschere kürzer schneiden sollte. Gemüsestücke (z. B. vom Kürbis) mit eckigem Querschnitt
sollte man »rund« schneiden, da die äußersten Nudeln sonst ebenfalls eckig werden.

RICHTIG ZUBEREITET

Alle für den Spiralschneider geeigneten Gemüsesorten (siehe S. 6) lassen sich prinzipiell roh essen. Man kann wunderbare »Nudelsalate« daraus
machen oder die rohen Nudeln mit gekochter
Sauce oder »rohem« Pesto anmachen – das geht
unkompliziert und superschnell. Für Salat aus sehr
hartem (Wurzel-)Gemüse wie Möhren, Rote Bete,
Pastinaken, Sellerie, aber auch Kohlrabi lohnt es
sich, die Gemüsenudeln, ähnlich wie Kohl, mit einer Prise Salz kurz mit den Händen zu kneten, bis
sie schön weich und biegsam sind und sich besser
mit dem Dressing verbinden.

Gemüsenudeln lassen sich natürlich auch ganz
einfach wie »normale« Nudeln garen und mit
warmen Saucen servieren. Dabei sollte man am
besten immer eine zur jeweiligen Gemüsesorte
passende Garmethode wählen oder die Gemüse
entsprechend vorbereiten: Sehr wasserhaltige
Gemüsesorten, allen voran Gurken und Zucchini,
aber auch Kohlrabi oder Rettich, ziehen beim
Garen oder in Kontakt mit warmer Sauce viel Wasser. Um keine verwässerte Pastasauce zu bekom-
men, sollte man die Gemüsenudeln vorab bereits
leicht salzen und einige Minuten Wasser ziehen
lassen. Die Nudeln dann unter kaltem Wasser kurz
abbrausen, gut trocken tupfen und anschließend
garen. Oder eine Garmethode wählen, die austre-
tendes Wasser gleich verdampfen lässt, also zum
Beispiel bei großer Hitze im Wok braten oder bei
hoher Temperatur im Ofen garen.

DIE BESTEN NUDELGEMÜSE

Diese Gemüse sind bestens geeignet, um zu Pasta, Noodles und Co. verarbeitet zu werden. Das Wichtigste dazu und worauf man beim Verarbeiten achten sollte, erfahren Sie hier.

1 GURKE
Extrem wasserhaltig, daher am besten für Salat und Rohkost geeignet. Zum Braten unbedingt salzen und einige Minuten Wasser ziehen lassen. Wegen der Schale möglichst Bio-Ware nehmen.

2 ZUCCHINI
Perfekt für Low-Carb-Zoodles, da kalorienarm, fest und schnell garend. Roh oder gekocht verwendbar. Zucchini ziehen allerdings viel Wasser, daher vorher salzen und gut trocken tupfen oder braten.

3 KOHLRABI
Gesundes Frühjahrsgemüse, das als Rohkost und in Suppen als Einlage einfach genial schmeckt. Kohlrabi ist recht wasserhaltig, daher für Gerichte mit Sauce vorgaren und ausdrücken.

4 RETTICH
Feiner Schärfekick vor allem für Rohkost. Rote Rettiche bringen attraktive Farbe in den Salat.

5 RÜBEN
Mai- oder Teltower Rübchen gilt es als Nudeln neu zu entdecken. Zarte Exemplare können ungeschält als Rohkost oder zum Garen verwendet werden.

6 STECKRÜBE
Die herb-intensive Steckrübe ist ein echtes Herbst-Winter-Gemüse und eignet sich für aromatische Pasta oder Bratnudeln. Lieber kleine Exemplare nehmen, große sind oft holzig.

7 MÖHRE
Neben Zucchini der Nudelstar: ob roh, gekocht, gedünstet oder gebraten. Rund und bunt (auch gelb oder violett) ist sie ganzjährig im Handel.

8 PASTINAKE & PETERSILIENWURZEL
Die typischen Herbst-Winter-Gemüse sehen sich zum Verwechseln ähnlich und schmecken beide nussig und süß. In Nudelform sind sie roh, gebraten und gedünstet ein Genuss.

9 KNOLLENSELLERIE
Wunderbar als Rohkost oder mit Ragù alla bolognese (auch vegetarisch). Die dicken Knollen müssen allerdings geschält und zugeschnitten werden.

10 (ROTE) BETE
Optisch äußerst attraktiv, ob in Rot, Gelb oder Rosa geringelt! Rote Bete schmeckt als Rohkost leicht herb, gegart eher süßlich. Beim Verarbeiten Gummihandschuhe tragen!

11 KÜRBIS
Geeignet sind Butternuss- und Muskat-Kürbis, deren Fruchtfleisch auch geputzt und geschält breit genug für den Spiralizer ist. Beste Herbst-Nudeln!

12 SÜSSKARTOFFELN
Sie sind im Gegensatz zu »echten« Kartoffeln richtig Low Carb. Ihr süßliches Aroma passt auch zu Desserts oder Gebäck. Herzhaft können sie Würze vertragen – perfekt für Currys.

NUDELSALATE UND SNACKS

Wer bei Nudelsalat sofort an Mayo und Schinkenwürfelchen denkt, wird hier sein leckeres Wunder erleben: Knackfrische Gemüsenudeln mit spannenden Dressings machen Lust auf mehr. Noch größer ist die Überraschung, wenn Gemüsenudeln fein in Wraps, Baguette oder Pergamentpäckchen verpackt werden.

ROTE-BETE-NUDELN IM PÄCKCHEN

Hier kommen die gesunden Knollen mal frisch genudelt ins Papierpäckchen – dort können sie im eigenen Saft garen und herrliche Aromen entfalten.

600 g Rote Bete
8 Zweige Thymian
1 Orange
3 EL Olivenöl
Salz | Pfeffer
60 g Feldsalat
1 EL Honig
4 Ziegenfrischkäse (à ca. 40 g)
30 g Walnusskerne
4 Scheiben Baguette
3 EL Aceto balsamico bianco

Auch für Gäste 🌿

Für 2 Personen |
15 Min. Zubereitung |
25 Min. Garen
Pro Portion ca. 720 kcal,
22 g E, 43 g F, 58 g KH

1 Backofen auf 200° vorheizen. Rote Bete schälen, beide Enden gerade schneiden. Rote Bete mit dem Spiralschneider in feine Streifen hobeln, diese eventuell kürzer schneiden (siehe S. 5).

2 Thymian waschen, Blättchen abzupfen und fein hacken. Die Orange halbieren und auspressen. Die Hälfte des Thymians mit 2 EL Olivenöl und dem Orangensaft in einer Schüssel verrühren und die Rote Bete darin wenden, leicht salzen und pfeffern.

3 Zwei Bögen Pergamentpapier (à 40 × 30 cm) mittig mit je der Hälfte der Rote-Bete-Nudeln belegen, Orangensaft-Öl-Mischung darübergießen. Papier über den Häufchen zusammenschlagen und die Enden fest zusammendrehen. Die Päckchen auf ein Backblech legen und im heißen Ofen (Mitte) ca. 25 Min. garen.

4 Inzwischen Feldsalat waschen, putzen und trocken schleudern. 1 EL Olivenöl mit Honig und übrigem Thymian verrühren und den Ziegenfrischkäse damit beträufeln. Walnüsse hacken.

5 Die fertig gegarten Päckchen aus dem Ofen nehmen. Die Baguettescheiben auf einen Backrost legen und im heißen Ofen ca. 5 Min. (Mitte) leicht braun rösten. Herausnehmen, den Grill zuschalten. Ziegenkäse auf die Baguettescheiben legen und unter dem Grill (oben) ca. 5 Min. überbacken.

6 Währenddessen Päckchen öffnen, Rote-Bete-Nudeln samt Garflüssigkeit auf zwei Teller geben und mit jeweils 1½ EL Aceto balsamico beträufeln, dann Feldsalat unter die Rote Bete heben, mit Salz und Pfeffer abschmecken, mit Walnüssen bestreuen und mit den Crostini servieren.

WALDORF-GEMÜSENUDELSALAT

2 Stangen Staudensellerie mit Grün |
350 g Knollensellerie | 1 Apfel | 2 EL Zitronen-
saft | Salz | 1 Eigelb (S) | ½ TL Dijon-Senf | Pfef-
fer | 100 ml Sonnenblumenöl | 5 EL Joghurt |
30 g Walnusskerne | 30 g blaue Weintrauben

Klassiker neu aufgelegt

Für 2 Personen | 20 Min. Zubereitung
Pro Portion ca. 685 kcal, 8 g E, 65 g F, 15 g KH

1 Den Staudensellerie waschen, putzen, das Grün
trocken schütteln und beiseitelegen. Die Stangen
längs halbieren, dann in dünne Scheiben schneiden. Knollensellerie schälen, zurechtschneiden
und mit dem Spiralschneider in dünne Streifen hobeln (siehe S. 5). Den Apfel waschen und mit dem
Spiralschneider ebenfalls in dicke Streifen hobeln.
Alles in eine große Schüssel geben und sofort mit
1 ½ EL Zitronensaft und 2 Prisen Salz mischen.

2 Übrigen Zitronensaft mit Eigelb und Senf in ein
hohes Rührgefäß geben, salzen und pfeffern. Das
Öl daraufgeben und mit dem Pürierstab zu einer
cremigen Mayonnaise mixen. Joghurt mit einem
Löffel unterrühren und die Mayonnaise mit Salz
und Pfeffer abschmecken.

3 Walnusskerne grob hacken, Trauben waschen,
halbieren, Kerne entfernen. Selleriegrün in nicht zu
feine Streifen schneiden. Mayonnaise, Nüsse, Trauben und gut 2 EL Selleriegrün vorsichtig unter das
Gemüse mischen. Mit Salz, Pfeffer und Zitronensaft
abschmecken, kurz ziehen lassen, nach Belieben
mit etwas Selleriegrün bestreuen und servieren.
Dazu passt hervorragend kaltes aufgeschnittenes
Roastbeef.

KOHLRABI-MÖHREN-NUDEL-SALAT

1 Kohlrabi (400 g) | 2 dicke Möhren (350 g) |
1 Bio-Zitrone | Salz | 2 EL Sonnenblumenkerne |
5 EL Olivenöl | Pfeffer | Zucker | 50 g Baby-Man-
gold | 1 (Büffel-)Mozzarella

Sommerfrisch

Für 2 Personen | 20 Min. Zubereitung
Pro Portion ca. 545 kcal, 20 g E, 45 g F, 14 g KH

1 Kohlrabi und Möhren schälen, Kohlrabi zurechtschneiden, Möhre zerteilen und beides auf dem
Spiralschneider in dicke Streifen schneiden. Gemüsenudeln bei Bedarf etwas kürzen (siehe S. 5).

2 Zitrone heiß waschen, abtrocknen und die
Schale fein abreiben. Frucht halbieren und den Saft
auspressen. 2 EL Saft sofort mit Möhren- und Kohlrabinudeln und 2 Prisen Salz mischen. Gemüsenudeln leicht weich kneten, 3 Min. ziehen lassen.

3 Inzwischen die Sonnenblumenkerne in einer
Pfanne ohne Fett rösten, bis sie duften, abkühlen
lassen. Die Hälfte der Zitronenschale mit übrigem
Zitronensaft und 4 EL Olivenöl verrühren, mit Salz,
Pfeffer und Zucker würzen. Baby-Mangold waschen, verlesen und trocken schleudern. Mozzarella trocken tupfen und in Scheiben schneiden.

4 Baby-Mangold und Zitronendressing unter die
Gemüsenudeln mischen, mit Sonnenblumenker-
nen bestreuen. Auf je einer Seite eines Tellers anrichten, Mozzarellascheiben danebensetzen, mit
etwas übriger Zitronenschale bestreuen, übriges
Öl darüberträufeln und mit Pfeffer übermahlen.

GURKENNUDELSALAT MIT MELONE

1 Salatgurke | 2 Scheiben Wassermelone
(à ca. 250 g) | Salz | 1 Bund Rucola | je 3 Stängel
Minze und Basilikum | ½ Limette | 1 EL Aceto
balsamico bianco | 1 TL brauner Zucker |
1 EL Olivenöl | Pfeffer | 2 Msp. Chiliflocken |
150 g Schafskäse (Feta)

Supersaftig 🌱

Für 2 Personen | 20 Min. Zubereitung
Pro Portion ca. 325 kcal, 17 g E, 18 g F, 23 g KH

1 Gurke waschen, trocken tupfen, die Enden entfernen. Gurke mit dem Spiralschneider in dicke
Streifen schneiden, diese kürzen (siehe S. 5). Die
Melone schälen und nach Bedarf entkernen. Scheiben auf einen Teller legen und leicht salzen.

2 Rucola waschen, verlesen, grobe Stiele wegschneiden, Blätter trocken schleudern und kleiner
zupfen. Minze und Basilikum waschen, Blätter in
Streifen schneiden. Limette auspressen.

3 Limettensaft mit Aceto balsamico bianco und
Zucker verrühren, bis sich der Zucker gelöst hat,
dann Olivenöl unterrühren. Mit Salz, Pfeffer und
Chiliflocken würzen. Gurkennudeln mit dem Dressing mischen und kurz ziehen lassen.

4 Schafskäse trocken tupfen und mit einer Gabel
in grobe Stücke teilen. Mit Rucola, Minze und Basilikum unter die Gurkennudeln heben, eventuell
nochmals mit Salz und Pfeffer abschmecken, dann
auf den Melonenspalten anrichten und servieren.

BUNTER ZUCCHININUDELSALAT

2 Zucchini (350 g) | Salz | 120 g Kirschtomaten |
1 kleine Dose Mais (140 g Abtropfgewicht) |
1 kleine Avocado | 1 EL Zitronensaft | 1 Bund Rucola | 1 TL Dijon-Senf | 3 EL Sherryessig |
4 EL Olivenöl | Pfeffer | 80 g Frühstücksspeck

Kunterbunt gesund

Für 2 Personen | 20 Min. Zubereitung
Pro Portion ca. 685 kcal, 15 g E, 60 g F, 20 g KH

1 Zucchini waschen, trocken tupfen, die Enden
abschneiden. Zucchini mit dem Spiralschneider in
dünne Streifen hobeln, mit 1 Prise Salz mischen, in
ein Sieb geben und abtropfen lassen.

2 Währenddessen Tomaten waschen, halbieren
und den Stielansatz entfernen. Mais in ein Sieb abgießen, kalt abbrausen und abtropfen lassen. Avocado halbieren, Kern entfernen, Fruchtfleisch aus
der Schale lösen und würfeln, diese sofort in Zitronensaft wenden. Rucola waschen, verlesen, trocken schleudern, harte Stiele entfernen und die
Blätter quer in 1 cm breite Stücke schneiden.

3 Senf, Essig und Öl verrühren, mit Salz und Pfeffer würzen. Die Speckstreifen in einer beschichteten Pfanne bei mittlerer Hitze braun und knusprig
braten, herausnehmen und auf Küchenpapier abtropfen lassen. Speck in Stücke brechen oder
schneiden. Zucchininudeln kalt abbrausen und gut
trocken tupfen, dann mit den übrigen Zutaten und
dem Dressing mischen, mit Salz und Pfeffer abschmecken und servieren.

TIPP
Veggies ersetzen den Speck einfach durch
100 g zerbröckelten Schafskäse (Feta).

GURKENNUDELSALAT MIT KICHERERBSEN

So bekommt Gurkensalat richtig Pep: Geröstete Kichererbsen, die man in Indien in ähnlicher Form als scharf-würzige Knabberei liebt, sorgen hier für den Knusperfaktor.

1 Dose Kichererbsen
(ca. 240 g Abtropfgewicht)
1 Knoblauchzehe
1 Bio-Limette
3 EL Olivenöl
1 TL Garam Masala (indische Gewürzmischung)
2 Msp. Chilipulver
Salz | Pfeffer
150 g Joghurt
je ½ Bund Koriandergrün und Dill
2 Stängel Minze
1 Bio-Salatgurke

Mit Knusperplus 🌿

Für 2 Personen |
15 Min. Zubereitung |
40 Min. Garen
Pro Portion ca. 300 kcal,
9 g E, 20 g F, 19 g KH

1 Backofen auf 200° vorheizen. Die Kichererbsen in ein Sieb abgießen, kalt abbrausen und abtropfen lassen. Knoblauch schälen und durchpressen. Die Limette heiß waschen, abtrocknen, die Schale fein abreiben, den Saft auspressen.

2 Jeweils die Hälfte von Knoblauch, Limettensaft und Öl in einer Schüssel mischen, dann Garam Masala, Chilipulver und die abgetropften Kichererbsen zugeben, salzen, pfeffern und alles gut durchmischen. Die Kichererbsen auf einem mit Backpapier ausgelegten Backblech verteilen und im heißen Ofen (Mitte) in 30–40 Min. knusprig braten, dabei ein- bis zweimal durchrühren.

3 Inzwischen den Joghurt mit restlichem Knoblauch und übrigem Öl, 1 EL Limettensaft und ½ TL Limettenschale verrühren, salzen pfeffern und kühl stellen. Die Kräuter waschen, trocken schütteln, Blättchen abzupfen und nicht zu fein hacken.

4 Kichererbsen aus dem Ofen nehmen und etwas abkühlen lassen. Inzwischen die Gurke waschen, in Stücke mit geraden Enden schneiden und mit dem Sparschäler in breite Streifen hobeln, diese eventuell kürzer schneiden (siehe S. 5). Joghurtdressing und gut die Hälfte der Kräuter untermischen und mit Salz und Pfeffer abschmecken. Auf Teller verteilen, Kichererbsen daraufgeben, mit übrigen Kräutern bestreuen und servieren.

TIPP Wer möchte, kann zusätzlich noch ein Bund Radieschen unter den Salat mischen. Die geputzten Radieschen dann auf dem Spiralschneider vorsichtig in kurze Nudeln raspeln und untermischen – das sorgt für Farbe und noch mehr Aroma!

ASIA-ROTKOHLNUDEL-SALAT

250 g Rotkohl | Salz | 100 g TK-Sojabohnen (Edamame; aus dem Asien- oder Bioladen) | 2 dicke Möhren (ca. 350 g) | 2 Frühlingszwiebeln | 3 EL Misopaste (z. B. Genmai-Miso; aus dem Asien- oder Bioladen) | ½ TL Chilisauce (z. B. Sriracha; aus dem Asienladen) | 2 EL Limettensaft | 1 EL Sesamöl | Pfeffer | Zucker

Frisch und würzig 🌿

Für 2 Personen | 15 Min. Zubereitung | 10 Min. Ziehen
Pro Portion ca. 220 kcal, 14 g E, 9 g F, 25 g KH

1 Rotkohl waschen, den Strunk keilförmig herausschneiden und den Kohl in feine Streifen schneiden oder hobeln. In einem Sieb mit ½ TL Salz 1–2 Min. durchkneten (am besten mit Gummihandschuhen). Die Sojabohnen 10 Min. in Salzwasser kochen, abgießen und abkühlen lassen.

2 Möhren schälen, putzen und in Stücke schneiden. Die Enden gerade schneiden. Möhren mit dem Spiralschneider in feine Streifen hobeln, die Streifen eventuell kürzer schneiden (siehe S. 5). Frühlingszwiebeln waschen, putzen und mit dem Grün in feine Ringe schneiden.

3 Die Misopaste mit 4–5 EL warmem Wasser glatt rühren, dann Chilisauce, Limettensaft und Sesamöl unterrühren. Mit Salz, Pfeffer und Zucker würzen. Möhrennudeln und Sojabohnen mit dem Dressing mischen. Rotkohl leicht ausdrücken und mit den Frühlingszwiebeln untermischen. Mit Salz, Pfeffer, 1–2 Prisen Zucker und Limettensaft abschmecken und servieren.

DREI-MÖHREN-NUDEL-SALAT

700 g dicke, bunte Möhren (gelb, orange und violett) | Salz | 1 Zitrone | 1 Orange | 3 EL Tahin (Sesammus; aus dem Bioladen) | 2 TL Misopaste (z. B. Genmai-Miso; aus dem Asien- oder Bioladen) | ½ TL Chilisauce (z. B. Sriracha; aus dem Asienladen) | Pfeffer | 1 EL Schwarzkümmelsamen (aus dem Asienladen)

Schmeckt nach Orient

Für 2 Personen | 15 Min. Zubereitung |
10 Min. Ziehen
Pro Portion ca. 335 kcal, 10 g E, 22 g F, 20 g KH

1 Möhren schälen, putzen und in Stücke schneiden. Die Enden gerade schneiden. Möhren mit dem Spiralschneider in feine Streifen hobeln, die Streifen eventuell kürzer schneiden (siehe S. 5). Mit etwas Salz leicht durchkneten und in einem Sieb kurz ziehen lassen.

2 Zitrone und Orange auspressen und mit Tahin und Misopaste glatt verrühren, je nach Konsistenz noch 1–3 EL Wasser unterrühren. Mit Chilisauce, Salz und Pfeffer pikant abschmecken. Möhren mit kaltem Wasser abbrausen und trocken tupfen. Mit dem Dressing mischen und 10 Min. ziehen lassen, dann mit Salz und Pfeffer abschmecken, mit Schwarzkümmelsamen bestreuen und servieren.

TIPP

Zur vollständigen Mahlzeit wird der Salat mit einem Stück gebratenem Halloumi. Dazu den griechischen Grillkäse in Scheiben schneiden, in 2 EL Olivenöl bei mittlerer Hitze beidseitig goldbraun braten und warm auf den Salat geben. Wer es lieber vegan mag, gart 60 g Quinoa nach Packungsangabe in 125 ml Wasser. Ausquellen und abkühlen lassen und unter den Möhren-Nudel-Salat mischen.

SÜSSKARTOFFELNUDEL-CHILI-WRAPS

Das kommt mir mexikanisch vor: anstelle von gebratenem Fleisch oder Bohnen werden hier mal Gemüsenudeln verpackt – ideal auch als Snack zum Mitnehmen.

1 große Süßkartoffel (500 g)
½ Limette
1 Avocado
Salz | Pfeffer
½ Bund Koriandergrün
3 EL Olivenöl
1 EL Tomatenmark
1 TL Chiligewürz (Fertigmischung für Chili con Carne)
250 ml Gemüsebrühe
4 Tortillas (Weizenfladen)
4 große Kopfsalatblätter

Chilischarfer Sattmacher 🌿

Für 2 Personen |
35 Min. Zubereitung
Pro Stück ca. 890 kcal,
13 g E, 43 g F, 109 g KH

1 Süßkartoffel schälen, einmal quer halbieren und die Enden gerade abschneiden. Süßkartoffel mit dem Spiralschneider in feine Streifen hobeln, diese kürzen (siehe S. 5). Limette auspressen. Avocado halbieren, Kern und Schale entfernen, das Fruchtfleisch fein würfeln und sofort mit 1 EL Limettensaft mischen, damit es nicht braun wird. Leicht salzen und pfeffern. Koriandergrün waschen, trocken schütteln, Blättchen abzupfen und grob hacken, 1 EL davon mit den Avocadowürfeln mischen.

2 Das Öl in einer beschichteten Pfanne oder im Wok erhitzen. Die Süßkartoffelnudeln darin bei großer Hitze 3–4 Min. unter gelegentlichem Rühren anbraten. Tomatenmark und gut ½ TL Chiligewürz zugeben, salzen, pfeffern und unter Rühren kurz mitrösten. Etwa 125 ml Brühe zugeben und bei mittlerer Hitze unter gelegentlichem Rühren braten, bis die Flüssigkeit verdunstet ist.

3 Übrige Brühe zugeben, weiterbraten, bis die Brühe völlig verdunstet ist – das dauert insgesamt 15 Min. Sind die Süßkartoffelnudeln noch nicht weich genug, noch einige EL Wasser zugeben und weiterbraten, bis die Nudeln gar sind, aber noch leicht Biss haben. Mit Salz, Pfeffer, Chiligewürz und 1–2 EL Limettensaft abschmecken. Das übrige Koriandergrün untermischen.

4 Inzwischen die Tortillas nach Packungsangabe erwärmen. Salatblätter waschen und trocken tupfen. Tortillas jeweils mit 1 Salatblatt belegen, darauf je ein Viertel der Süßkartoffelnudeln mittig in einer Linie daraufgeben. Mit Avocadowürfeln bestreuen. Die Wraps aufrollen und sofort servieren.

BÁNH MÌ MIT EINGELEGTEN GEMÜSENUDELN

In Vietnam sind diese Brötchen der Imbissrenner: Vollgepackt mit knackig-frischem, ingwer-scharfem Gemüse, fällt hier das Baguette nicht weiter ins Gewicht.

je 200 g weißer Rettich, Möhre und Gurke
1 Stück Ingwer (1 cm lang)
1½ TL Rohrohrzucker
Salz
3 Msp. Chiliflocken
7 EL Reisessig (ersatzweise milder Weißweinessig)
½ Bund Koriandergrün
2 EL Salatcreme (leichte Mayonnaise)
2 Baguettebrötchen

Leicht und frisch 🍃

Für 2 Personen |
35 Min. Zubereitung |
12 Std. Marinieren
Pro Stück ca. 320 kcal,
18 g E, 8 g F, 45 g KH

1 Für das Gemüse Rettich und Möhre schälen, Gurke waschen, zurechtschneiden. Alles auf dem Spiralschneider in feine Streifen hobeln, diese kürzen (siehe S. 5). Ingwer schälen, fein hacken und mit Gemüse, Zucker, 2 TL Salz, Chiliflocken und Essig in einer Schüssel kräftig durchkneten, bis reichlich Wasser austritt. Samt Wasser in ein verschließbares Glas füllen, zusammendrücken und 12 Std. (über Nacht) im Kühlschrank durchziehen lassen.

2 Am nächsten Tag Koriandergrün waschen, trocken schütteln und fein hacken. 2 EL davon mit der Salatcreme verrühren. Baguettebrötchen längs halbieren, die unteren Hälften mit der Creme bestreichen. Reichlich Gemüse daraufhäufen, mit übrigem Koriander belegen. Mit den oberen Brötchenhälften abdecken.

VARIANTE: BÁNH MÌ MIT TOFU

Reichhaltiger wird es mit gebratenem Tofu. Dafür 200 g Tofu quer halbieren und die Hälften in 2 Scheiben schneiden, mit Küchenpapier ausdrücken. Von 2 Stängeln Zitronengras die unteren 8–10 cm putzen und fein hacken, 1 Knoblauchzehe schälen und fein hacken. Reichlich Öl in einer beschichteten Pfanne erhitzen, darin den Tofu beidseitig braun braten, herausnehmen, auf Küchenpapier abtropfen lassen. Öl bis auf 1 EL aus der Pfanne abgießen, darin Zitronengras und Knoblauch anbraten. Mit 125 ml Wasser und je 2 EL Soja- und süß-saurer Chilisauce ablöschen. Die Flüssigkeit bei großer Hitze sirupartig einkochen. Hitze reduzieren, Tofu hineingeben und unter mehrmaligem Wenden garen, bis der Tofu mit einer honigartigen Schicht überzogen ist. Tofu auf das Gemüse schichten, Brötchendeckel auflegen und genießen.

VIETNAMESISCHE SOMMERROLLEN

Kunterbunt und rund sind diese leichten Gemüse-Röllchen der perfekte Snack: Als Fingerfood sind sie immer der Hit auf Partys und finden reißenden Absatz.

Für den Dip:
½ rote Chilischote
1 Knoblauchzehe
2 Stängel Koriandergrün
3 EL Fischsauce (aus dem
Asienladen)
4 EL Limettensaft
¾ TL brauner Zucker
Für die Rollen:
1 dicke Möhre (180 g)
½ Salatgurke
1 rote Paprika
6 Stängel Koriandergrün
3 Stängel Thai-Basilikum (aus
dem Asienladen)
8 Blätter Reispapier (à 22 cm ∅;
aus dem Asienladen)

Federleichter Hingucker

Für 8 Stück |
45 Min. Zubereitung
Pro Stück ca. 35 kcal,
1 g E, 0 g F, 7 g KH

1 Für den Dip Chilischote entkernen und waschen, Knoblauch schälen, beides fein würfeln. Koriandergrün waschen, trocken schütteln und mit den Stielen fein hacken. Fischsauce, Limettensaft und Zucker verrühren, bis sich der Zucker gelöst hat, dann Knoblauch, Chili und Koriandergrün untermischen und mindestens 10 Min. ziehen lassen.

2 Inzwischen für die Rollen Möhre schälen, putzen, Enden gerade schneiden. Gurke waschen, Enden gerade schneiden. Beides getrennt voneinander mit dem Spiralschneider in feine Streifen hobeln (siehe S. 5). Die Gemüsenudeln mit einer sauberen Schere auf ca. 12 cm Länge zuschneiden. Paprika halbieren, weiße Trennwände und Kerne entfernen, die Hälften waschen und längs in schmale Streifen schneiden. Kräuter waschen, gut trocken schütteln, Blättchen abzupfen und etwas kleiner zupfen.

3 In einem tiefen Teller gut lauwarmes Wasser füllen, ein sauberes Geschirrtuch daneben glatt auslegen. Jeweils 1 Reispapierblatt kurz ins Wasser legen, bis es weich und biegsam wird. Vorsichtig herausnehmen und glatt auf dem Geschirrtuch auslegen. Jeweils 1 Handvoll Möhren-, Gurken- und Paprikastreifen nach Sorten gebündelt in der Mitte des Blattes auslegen und mit Basilikum- und Korianderblättchen belegen.

4 Die Reispapieraußenseiten über die Füllung klappen, dann von einer Längsseite aus von unten nach oben rollen, dabei die Füllung kompakt zusammendrücken. Reispapier vorsichtig andrücken und mit der Nahtseite nach unten auf eine Platte legen. Die fertigen Rollen mit dem Dip servieren.

KNUSPER-SPIRALEN MIT KORIANDERDIP

Schmacht auf Pommes oder Chips? Kein Problem mit diesen knusprigen Spiralen, die mit wenig Öl im Ofen gebacken sind. Und statt Mayo gibt's einen frischen grünen Dip.

3 festkochende Kartoffeln
(ca. 500 g)
1 Knoblauchzehe
6 EL Olivenöl
1½ TL edelsüßes Paprikapulver
1 TL gemahlener Kreuzkümmel
Salz
½ Bund Koriandergrün
2 Stängel Minze
200 g Seidentofu
1½ TL Limettensaft
Pfeffer
1 Spritzer Chilisauce (z. B. Sriracha; aus dem Asienladen)

Nicht nur für Couch-Potatoes 🌿

Für 2 Personen |
15 Min. Zubereitung |
40 Min. Garen
Pro Stück ca. 465 kcal,
10 g E, 33 g F, 33 g KH

1 Den Backofen auf 220° vorheizen. Die Kartoffeln schälen, waschen, Enden gerade schneiden. Kartoffeln mit dem Spiralschneider in dicke Spiralen hobeln, diese in kürzere Stücke schneiden (siehe S. 5). Knoblauch schälen und halbieren, eine Hälfte in eine Schüssel pressen und mit 2 ½ EL Öl verrühren.

2 Kartoffelspiralen vorsichtig rundum im Knoblauchöl wenden, sodass sie nicht brechen, aber möglichst gleichmäßig mit Öl überzogen sind. Auf einem mit Pergamentpapier ausgelegten Blech verteilen. Die Gewürze darüberstäuben, salzen. Dann alles vorsichtig so mischen, dass die Gewürze gleichmäßig verteilt sind. Im heißen Ofen (Mitte, Umluft ist nicht empfehlenswert) in 30–40 Min. knusprig braun backen, dabei einmal wenden.

3 Inzwischen Koriandergrün und Minze waschen und trocken schütteln, die Blättchen abzupfen und grob zerschneiden. Übrige Knoblauchhälfte fein hacken und mit den Kräutern in einen hohen Rührbecher geben. Seidentofu löffelweise zugeben, Limettensaft und übriges Öl darübergießen. Alles mit dem Pürierstab zu einem cremigen Dip mixen, mit Salz, Pfeffer und Chilisauce würzen.

4 Kartoffelspiralen aus dem Backofen nehmen, auf Küchenpapier entfetten und etwas abkühlen lassen, dann am besten gleich und noch leicht warm mit dem Dip genießen.

TIPP Wer will, kann die Spiralen auch einmal nur mit Salz, Pfeffer, Knoblauch und 1 EL gehackten Thymian würzen – oder anstelle von Kartoffeln Süßkartoffeln verwenden.

NUDEL, PASTA & NOODLES

Nach Teigwaren wird man hier vergeblich suchen. Dafür gibt es Gemüsenudeln satt: mal dünn, mal dick, mal fast klassisch als Bandnudeln mit Geschnetzeltem, als italienische Pasta mit Pesto oder Tomatensauce oder in Form asiatischer Nudelgerichte aus dem Wok – ade Teigspätzle und willkommen schlanke Gemüsenudel!

STECKRÜBENSPAGHETTI MIT LINSENBOLOGNESE

Hier vermisst garantiert keiner das Fleisch: Lange geschmort, passt die kräftige Pilz-Linsen-sauce perfekt zum intensiven Aroma der Steckrübennudeln.

120 g braune Champignons
1 große Zwiebel
1 Knoblauchzehe
3 ½ EL Olivenöl
Salz | Pfeffer
1 EL Tomatenmark
80 Belugalinsen
200 g stückige Tomaten
(Tetrapak)
200 ml Gemüsebrühe
1 TL getrocknete italienische
Kräuter
2 Steckrüben (900 g)
⅓ Bund Petersilie

Deftiges Wintergericht 🌿

Für 2 Personen |
25 Min. Zubereitung |
1 Std. Garen
Pro Portion ca. 460 kcal,
17 g E, 19 g F, 51 g KH

1 Champignons sauber abreiben und putzen, erst in feine Scheiben, dann in möglichst kleine Würfel schneiden und mit einem großen Messer fein hacken. Zwiebel und Knoblauch schälen und fein würfeln. 2 EL Olivenöl in einem Topf erhitzen, darin Zwiebel und Knoblauch andünsten. Dann die Champignons zugeben und bei großer Hitze unter Rühren braun anbraten, salzen, pfeffern.

2 Tomatenmark unterrühren, kurz mitrösten, dann die Linsen unterrühren und mit Tomaten und 150 ml Brühe ablöschen. Italienische Kräuter dazugeben und alles bei kleiner Hitze 1 Std. zugedeckt garen und einkochen lassen. Gelegentlich prüfen, ob noch genügend Flüssigkeit im Topf ist und bei Bedarf etwas Brühe nachgießen, aber immer nur wenig. Am Ende sollte fast die gesamte Flüssigkeit aufgesogen sein.

3 Inzwischen den Backofen auf 200° vorheizen, ein tiefes Backblech mit Backpapier auslegen. Die Steckrüben schälen, zurechtschneiden und mit dem Spiralschneider zu Nudeln hobeln, diese kürzen (siehe S. 5). Auf das Blech geben und gründlich mit übrigem Olivenöl mischen, leicht salzen und pfeffern. Im heißen Ofen 15-20 Min. garen, dabei ein- bis zweimal mal durchrühren. Petersilie waschen, trocken schütteln und fein hacken.

4 Linsenbolognese eventuell noch offen 5 Min. bei mittlerer Hitze einkochen lassen, nochmals mit Salz und Pfeffer würzen. Die Hälfte der Petersilie unterrühren. Mit den Steckrübennudeln mischen, mit übriger Petersilie bestreuen und servieren. Dazu schmeckt frisch geriebener Parmesan.

PASTINAKENNUDELN ALLA PUTTANESCA

1 Zwiebel | 1 Knoblauchzehe | 1 kleine rote Chilischote | 2 EL Olivenöl | 1 Dose stückige Tomaten (400 g) | ½ TL getrockneter Oregano | Salz | Pfeffer | 1 EL Kapern | 8 schwarze Oliven (ohne Stein) | 4 Pastinaken (1 kg) | 2 EL gehackte Petersilie (nach Belieben)

Klassiker neu genudelt

Für 2 Personen | 20 Min. Zubereitung
Pro Portion ca. 300 kcal, 5 g E, 18 g F, 28 g KH

1 Zwiebel und Knoblauch schälen und klein würfeln. Chilischote waschen, putzen, halbieren, Kerne entfernen und klein würfeln. Olivenöl in einem Topf erhitzen, darin Zwiebel und Knoblauch andünsten. Chili zugeben, kurz mitdünsten, dann die Tomaten zugeben, mit Oregano und etwas Salz und Pfeffer würzen und offen in ca. 30 Min. bei mittlerer Hitze sämig einkochen lassen.

2 Inzwischen die Kapern grob hacken und die Oliven in Scheiben schneiden. Die Pastinaken schälen, putzen, zurechtschneiden und mit dem Sparschäler in dicke Streifen schneiden. Pastinaken in die Sauce geben, gut unterrühren und zugedeckt bei mittlerer Hitze 8–10 Min. garen, dabei in den letzten 2–3 Min. Oliven und Kapern unterrühren.

3 Die Nudeln mit Salz und Pfeffer abschmecken, nach Belieben mit Petersilie bestreuen.

TIPP

Noch bunter und gesünder wird dieses Gericht, wenn man die Nudeln aus verschiedenen Gemüsesorten herstellt. Köstlich sind zum Beispiel Zucchini und Möhren.

ZUCCHINI-CARBONARA

400 g grüne Zucchini | 800 g gelbe Zucchini | 2 Knoblauchzehen | 1 Zwiebel | 3 EL Olivenöl | Salz | Pfeffer | 80 g Sahne | ½ TL gekörnte Gemüsebrühe | 2 Eigelb (M) | 3 EL frisch geriebener Parmesan | frisch geriebene Muskatnuss | 2 EL glatte Petersilie (nach Belieben)

Ehrlich, einfach und gut 🌿

Für 2 Personen | 25 Min. Zubereitung
Pro Portion ca. 435 kcal, 21 g E, 32 g F, 15 g KH

1 Grüne Zucchini waschen, putzen längs, vierteln und in dicke Stücke schneiden. Gelbe Zucchini waschen, Enden gerade schneiden. Gelbe Zucchini mit dem Spiralschneider in dünne Streifen hobeln, diese kürzer schneiden (siehe S. 5).

2 Knoblauch schälen und fein hacken, Zwiebel schälen und fein würfeln. Wasser in einem Topf zum Kochen bringen, darin die Zucchininudeln 1–2 Min. garen, in ein Sieb gießen und abtropfen lassen, zugedeckt warm halten.

3 2 EL Öl in einer beschichteten Pfanne erhitzen, darin Zucchiniwürfel und Knoblauch unter Rühren goldbraun braten, salzen und pfeffern. Aus der Pfanne nehmen. Übriges Öl in die Pfanne geben, darin die Zwiebel goldgelb andünsten und mit 50 g Sahne ablöschen. Brühe einrühren und bei kleiner Hitze warm halten. Währenddessen übrige Sahne, Eigelbe und Parmesan in einer Tasse verrühren, mit Muskatnuss würzen.

4 Abgetropfte Zucchininudeln und gebratene Zucchini in die Pfanne geben und leicht erhitzen. Eigelbmasse darübergießen und gründlich unterrühren, nicht zu heiß werden lassen. Salzen und pfeffern. Petersilie nach Belieben unterheben.

AVOCADOPESTO

1 Knoblauchzehe | 5 Stängel Basilikum | 2 Stängel Minze | 40 g geröstete, gesalzene Cashewkerne | 3 EL Limettensaft | 6 EL Olivenöl | 1 reife Avocado | Salz | Pfeffer | 2 Msp. Chiliflocken (nach Belieben)

Herrlich cremig 🌿

Für 2 Personen | 15 Min. Zubereitung
Pro Portion ca. 645 kcal, 6 g E, 60 g F, 6 g KH

1 Knoblauch schälen und grob zerschneiden. Basilikum und Minze waschen, Blätter abzupfen und gut trocken tupfen. Cashewnüsse mit Knoblauch, Basilikum, Minze und Limettensaft im Blitzhacker fein pürieren, dabei 2 EL Olivenöl zugeben.

2 Avocado halbieren, Kern entfernen, das Fruchtfleisch aus der Schale löffeln und mit dem übrigen Öl im Blitzhacker fein pürieren. Mit Salz, Pfeffer, und wer es gerne scharf mag, zusätzlich mit Chiliflocken würzen. Das Pesto passt perfekt zu rohen oder gekochten Zucchininudeln und als Dip zu gebratenen Süßkartoffelnudeln.

RUCOLA-PETERSILIEN-PESTO

3 EL Pinienkerne | 1 Bund Rucola (ca. 70 g) | 30 g glatte Petersilie | 1 Knoblauchzehe | 50 g Parmesan | 60 ml Olivenöl | Salz | Pfeffer | 2 EL Zitronensaft (nach Belieben)

Erfrischend herb 🌿

Für 2 Personen | 15 Min. Zubereitung
Pro Portion ca. 535 kcal, 13 g E, 50 g F, 7 g KH

1 Die Pinienkerne in einer Pfanne ohne Fett rösten, bis sie leicht bräunen, herausnehmen und abkühlen lassen. Rucola und Petersilie waschen, trocken schleudern, harte Stiele entfernen, Blätter grob zerkleinern. Knoblauch schälen und hacken. Parmesan grob zerteilen.

2 Rucola, Petersilie, Knoblauch, Parmesan und Pinienkerne in den Blitzhacker geben und mit dem Olivenöl fein pürieren. Mit Salz und Pfeffer würzen. Für einen leicht säuerlichen Kick zusätzlich Zitronensaft zufügen (schmeckt besonders gut zu rohen Gemüsenudeln). Das Pesto passt ideal zu Gurken und Zucchininudeln, aber auch zu gegarten Möhren- oder Pastinakennudeln.

GRÜNKOHL-WALNUSS-PESTO

90 g Grünkohlblätter (geputzt 60 g) | Salz |
1 Knoblauchzehe | ½ Bio-Zitrone | 25 g Parme-
san | 20 g Walnusskerne | 100 ml Olivenöl |
Pfeffer | 2 Msp. Chiliflocken

Grünkohl mal anders

Für 2 Personen | 15 Min. Zubereitung
Pro Portion ca. 125 kcal, 7 g E, 10 g F, 2 g KH

1 Grünkohl waschen, Blätter vom harten Strunk
zupfen. Wasser in einem Topf aufkochen, salzen,
den Grünkohl hineingeben und 1–3 Min. garen. In
ein Sieb abgießen, mit kaltem Wasser abschre-
cken. Grünkohl gut ausdrücken und grob hacken.

2 Knoblauch schälen und grob hacken. Zitrone
heiß abwaschen, abtrocknen, Schale abreiben,
Saft auspressen. Parmesan grob zerteilen schneiden. Kohl, Knoblauch, Parmesan, Walnüsse, Zitronenschale und 2 EL Saft dazugeben und alles
pürieren. Mit Salz, Pfeffer und Chiliflocken würzen.
Schmeckt zu Zucchini-, Rote-Bete-, Kürbis- oder
Sellerienudeln.

ROTES GEMÜSEPESTO

1 rote Paprika | 1 Stange Staudensellerie |
150 g Kirschtomaten | 1 Zwiebel | 1 Knoblauch-
zehe | 5 Zweige Thymian | 3 EL Olivenöl |
1 TL Aceto balsamico | Salz | Pfeffer | 2 Prisen
Zucker | 30 g Mandeln

Schmeckt nach Sommer

Für 2 Personen | 10 Min. Zubereitung |
60 Min. Garen
Pro Portion ca. 225 kcal, 5 g E, 18 g F, 9 g KH

1 Den Backofen auf 200° vorheizen. Das Gemüse
waschen, putzen und in Stücke schneiden. Tomaten halbieren, Stielansatz herausschneiden. Zwiebel und Knoblauch schälen, Zwiebel in Spalten,
Knoblauch in Scheiben schneiden. Thymian waschen, trocken schütteln, Blättchen abzupfen.

2 Alles mit 1 EL Öl und Aceto balsamico in einer
kleinen ofenfesten Form mischen, mit Salz, Pfeffer
und Zucker würzen. Im heißen Backofen (Mitte)
50 – 60 Min. garen, dabei mehrmals durchrühren.
Herausnehmen, abkühlen lassen. Mit den Mandeln
und 1–2 EL Öl im Blitzhacker fein pürieren.

BROKKOLI-MÖHREN-NUDELN MIT GESCHNETZELTEM

Sind die Nudeln gesund und schlank, darf es ruhig einmal ein Sahnesößchen sein – solange es so leicht und feinwürzig wie in diesem Geschnetzelten ist.

800 g Brokkoli (mit dickem, langem Stiel)
2 dicke Möhren (350 g)
300 g dünne Kalbsschnitzel
2 Schalotten
Salz
2 EL Olivenöl
Pfeffer
1 EL Butter
1 EL Mehl
1 TL Dijon-Senf
100 g Sahne
125 ml Fleischbrühe (ersatzweise Gemüsebrühe)

Leichter Klassiker

Für 2 Personen |
25 Min. Zubereitung
Pro Portion ca. 600 kcal,
44 g E, 36 g F, 24 g KH

1 Vom Brokkoli den Stiel gerade abschneiden und schälen. Übrigen Brokkoli in Röschen teilen. Möhren schälen und putzen. Brokkolistiel und Möhren mit dem Spiralschneider in dicke Streifen hobeln, diese kürzer schneiden (siehe S. 5). Die Brokkoliröschen in kleine Stücke schneiden oder teilen.

2 Kalbsschnitzel in dünne Streifen schneiden. Schalotten schälen und fein würfeln. Etwas Wasser in einem Topf mit Dämpfeinsatz zum Kochen bringen. Die Brokkoliröschen darauf verteilen und 12–15 Min. zugedeckt bei mittlerer Hitze garen. Nach 10 Min. Möhren- und Brokkolinudeln zugeben, alles leicht salzen.

3 In einer beschichteten Pfanne das Öl erhitzen, das Fleisch darin rundum anbraten, salzen, pfeffern und herausnehmen. Butter in die Pfanne geben, schmelzen lassen und die Schalotten darin goldgelb andünsten. Mehl darüberstäuben, einmal durchrühren. Senf einrühren und mit Sahne und Brühe ablöschen. Alles offen bei mittlerer Hitze sämig einkochen lassen.

4 Das Fleisch wieder in die Sauce geben und heiß werden lassen. Gemüsenudeln und Brokkoliröschen aus dem Dampftopf heben und vorsichtig unter Fleisch und Sauce mischen. Das Geschnetzelte mit Salz und Pfeffer abschmecken und servieren.

TIPP Noch frischer wird die Sauce mit 1–2 Spritzern Zitronensaft und 1/3 Bund fein gehackter Petersilie.

KOHLRABINUDELN MIT LACHSSAHNE

2 Kohlrabi (900 g) | Salz | ½ Bio-Zitrone |
200 g Lachsfilet (ohne Haut) | Pfeffer | 2 Stängel
Estragon | 1 Schalotte | 1 EL Olivenöl |
125 ml Weißwein (ersatzweise Gemüsebrühe) |
100 g TK-Erbsen | 120 g Sahne

Frühlingsfein

Für 2 Personen | 20 Min. Zubereitung
Pro Portion ca. 580 kcal, 29 g E, 39 g F, 17 g KH

1 Kohlrabi schälen, putzen, zurechtschneiden.
Kohlrabi mit dem Spiralschneider in dicke Streifen
hobeln. Die Gemüsestreifen etwas kürzer schneiden (siehe S. 5), leicht salzen und in einem Sieb
ziehen lassen. Zitrone heiß abwaschen, abtrocknen und die Schale abreiben. Den Saft auspressen.
Fischfilet waschen, trocken tupfen und in 1 ½ cm
große Würfel schneiden. Mit 1 EL Zitronensaft beträufeln, salzen und pfeffern.

2 Estragon waschen und trocken schütteln. Die
Blättchen abzupfen und fein hacken. Schalotte
schälen und fein würfeln. Öl in einem Topf erhitzen
und die Schalottenwürfel darin andünsten. Mit
Weißwein ablöschen und so lange bei mittlerer
Hitze offen köcheln lassen, bis die Flüssigkeit fast
verkocht ist. TK-Erbsen zugeben, salzen, pfeffern,
kurz andünsten, dann die Sahne dazugießen.

3 In einem Topf Wasser zum Kochen bringen und
salzen. Lachs mit Estragon und ⅓ TL Zitronenschale unter die Erbsen-Sahne mischen und zugedeckt bei kleiner Hitze in 3–5 Min. gar ziehen lassen. Warm halten. Kohlrabinudeln abbrausen, ins
kochende Wasser geben und bei mittlerer Hitze zugedeckt 2–4 Min. garen. In ein Sieb abgießen und
gut abtropfen lassen. Lachssahne mit Salz, Pfeffer
und Zitronensaft abschmecken, dann sofort mit den
Nudeln mischen und servieren.

ZUCCHINISPAGHETTI AL LIMONE

3 Zucchini (ca. 600 g) | 30 g Walnusskerne | ⅓ Bund Petersilie | 4 Stängel Thymian | 1 Bio-Zitrone | 1 TL Kapern | 2 EL Olivenöl | 1 EL Butter | 50 ml Gemüsebrühe | Salz | Pfeffer

Superfix und easy 🌿

Für 2 Personen | 15 Min. Zubereitung
Pro Portion ca. 305 kcal, 7 g E, 27 g F, 8 g KH

1 Die Zucchini waschen, die Enden abschneiden. Zucchini mit dem Spiralschneider in feine Streifen hobeln, diese kürzer schneiden (siehe S. 5).

2 Die Walnüsse ohne Fett anrösten, bis sie duften. Petersilie waschen, trocken schütteln, Blättchen abzupfen. Thymian waschen, trocken schütteln, Blättchen abzupfen, fein hacken. Zitrone heiß abwaschen, abtrocknen, die Schale abreiben. Die Zitrone halbieren und eine Hälfte auspressen.

3 Walnüsse und Petersilie im Blitzhacker grob zerkleinern, anschließend mit 2–3 Msp. Zitronenschale mischen. Übrige Zitronenschale, -saft, Kapern, Olivenöl, Butter und Gemüsebrühe mit dem Stabmixer fein pürieren, Thymian unterrühren.

4 Zucchininudeln salzen, pfeffern und mit den Händen weich kneten. In eine beschichtete Pfanne geben und bei mittlerer Hitze 1–3 Min. unter Rühren andünsten. Zitronenbrühe angießen, gut durchmischen und bei ausgeschalteter Herdplatte 2–3 Min. ziehen lassen. Mit Salz und Pfeffer abschmecken, auf Teller verteilen, mit der Walnuss-Petersilien-Mischung bestreuen und servieren.

PHO BO MIT RÜBENNUDELN

Normalerweise wandern Reisnudeln in die herrlich würzige Rindfleischsuppe aus Vietnam. Feine Rübchennudeln machen sie noch leichter und geben zusätzliche Frische.

3 Stängel Koriandergrün
(mit Wurzeln)
1 Stück Ingwer (2 ½ cm lang)
2 kleine rote Chilischoten
2 Sternanis
800 ml Rinderbrühe
4 Mairübchen (à 120 g)
150 g Rinderfilet
3 Frühlingszwiebeln
3 Stängel Thai-Basilikum
(aus dem Asienladen)
2 EL Sojasauce

Leichtgewicht aus Asien

Für 2 Personen |
20 Min. Zubereitung
Pro Portion ca. 195 kcal,
21 g E, 5 g F, 13 g KH

1 Koriandergrün gründlich waschen, Wurzeln abschneiden, Blättchen von den Stängeln zupfen. Wurzeln und Stängel beiseitelegen. Ingwer schälen und in Scheiben schneiden. 1 Chilischote waschen, mit einem Messer mehrmals einstechen und mit Ingwer, Korianderwurzeln und -stängeln, Sternanis und Brühe in einen Topf geben und zum Kochen bringen. Hitze reduzieren und die Brühe bei kleiner Hitze 30 Min. zugedeckt köcheln lassen.

2 Inzwischen die Rübchen waschen, putzen und schälen, Enden gerade schneiden. Die Rübchen mit dem Spiralschneider in breite Streifen hobeln, diese kürzen (siehe S. 5). Rinderfilet trocken tupfen und in möglichst feine Scheibchen schneiden. Frühlingszwiebeln waschen, putzen und mit dem Grün in dünne Ringe schneiden. Basilikum waschen, trocken schütteln, Blätter abzupfen und mit dem Koriandergrün grob hacken. Übrige Chilischote halbieren, entkernen und in schmale Streifen schneiden.

3 Die Brühe durch ein Sieb gießen, auffangen und zurück in den Topf geben, mit Sojasauce abschmecken und erneut aufkochen. Hitze reduzieren, Rübennudeln hineingeben und bei kleiner Hitze 2–3 Min. garen. Fleisch zugeben und gerade eben gar ziehen lassen. Die Suppe auf Suppenschalen verteilen und mit reichlich Frühlingszwiebeln, Koriandergrün und Basilikum bestreuen. Die Chilistreifen extra dazuservieren.

TIPP Mit Limette wird es noch ein bisschen raffinierter: ½ Limette in 4 Stücke schneiden und dazureichen. Wer will, kann den Saft in die Suppe träufeln.

GEMÜSENUDEL-CHOW-MEIN

2 dicke Möhren (350 g) | 1 Knollensellerie
(600 g) | 150 g Zuckerschoten | 1 Zwiebel |
1 Knoblauchzehe | 1 Stück Ingwer (1 cm lang) |
6 EL Öl | 200 g mageres gemischtes Hack-
fleisch | Salz | 3 EL Sojasauce | 2 EL Hoisinsauce
(aus dem Asienladen)

Asia-Genuss

Für 2 Personen | 30 Min. Zubereitung
Pro Portion ca. 670 kcal, 29 g E, 52 g F, 23 g KH

1 Möhren und Sellerie waschen, putzen und
schälen. Die Enden gerade schneiden. Gemüse mit
dem Spiralschneider in dünne Streifen hobeln,
diese kürzer schneiden (siehe S. 5).

2 Zuckerschoten waschen, putzen und schräg
in 5 mm breite Streifen schneiden. Zwiebel, Knoblauch und Ingwer schälen und fein hacken.

3 In einem Wok 3 EL Öl erhitzen und die Zwiebel
darin andünsten. Hackfleisch zugeben. Knoblauch
und Ingwer untermischen. Unter Rühren braun braten, salzen, herausnehmen.

4 Wok auswischen, übriges Öl hineingeben, das
Gemüse zugeben, unter Rühren 3–5 Min. bei
mittlerer bis großer Hitze anbraten, mit Sojasauce
ablöschen und 100 ml Wasser angießen. Unter
Rühren 6–8 Min weitergaren, bis die Flüssigkeit
fast verdampft ist.

5 Hackfleisch und Hoisinsauce zugeben und
unter Rühren im Gemüse erwärmen. Mit Salz
abschmecken und heiß servieren.

GEMÜSENUDEL-PAD-THAI

2 dicke Möhren (350 g) | 1 weißer Rettich (250 g) | 1 Zucchino (200 g) | 2 Schalotten | 2 Knoblauchzehen | 150 g rohe Garnelen (geschält; ohne Kopf und Schwanz) | 1 Limette | 2 EL Sojasauce | 4 EL Fischsauce | ½ TL scharfe Chilisauce (z. B. Sriracha; aus dem Asienladen) | 4 EL Öl | 1 TL brauner Zucker

Für Wok-Fans

Für 2 Personen | 25 Min. Zubereitung
Pro Portion ca. 205 kcal, 15 g E, 7 g F, 20 g KH

1 Das Gemüse waschen. Möhren und Rettich schälen. Zucchino putzen. Enden gerade schneiden. Alle drei Gemüse getrennt voneinander mit dem Spiralschneider in dünne Streifen hobeln, diese kürzer schneiden (siehe S. 5). Schalotten und Knoblauch schälen. Schalotten längs halbieren und in feine Streifen schneiden, Knoblauch fein hacken. Garnelen kalt abspülen und trocken tupfen. Die Limette auspressen. Limettensaft mit Soja-, Fisch-, Chilisauce und 6 EL Wasser verrühren.

2 Den Wok erhitzen, 2 EL Öl zugeben, heiß werden lassen, darin Schalotten und Garnelen unter Rühren braten, bis die Schalotten leicht gebräunt und die Garnelen rosa sind. Beides an den Rand schieben oder herausnehmen.

3 Übriges Öl zugeben, darin Möhren 2 Min. unter Rühren braten, dann Zucchino, Rettich und Knoblauch zugeben und weitere 2 Min. braten. Würzsauce angießen und 3–4 Min. bei großer Hitze braten, bis fast die gesamte Flüssigkeit verdampft ist. Mit Zucker abschmecken. Garnelen und Schalotten untermischen, heiß werden lassen und servieren.

NUDELN NEU IN FORM

Es müssen nicht immer nur Nudeln mit Sauce sein: Gebacken, gebraten, geschichtet und gerollt, überzeugen die Gemüsenudeln ebenso in vielen anderen Gerichten. So werden auch würzige Currys, deftige Lasagnen, attraktive Quiches, süße Waffeln oder sogar Burgerbrötchen zum Kurbel-Vergnügen.

MAROKKANISCHER SÜSSKARTOFFELEINTOPF

Zugegeben, es dauert ein wenig, aber das sich durch langsames Garen entfaltende Aroma dieses Gerichts entschädigt für das Warten, und ist erst mal alles im Topf, gart es von allein.

1 Zwiebel
1 Döschen Safranfäden (0,1 g)
2 EL Olivenöl
1 TL gemahlener Kreuzkümmel
½ TL Kurkumapulver
1 EL Tomatenmark
1 Dose stückige
Tomaten (400 g)
1 Dose Kichererbsen
(ca. 240 g Abtropfgewicht)
1 Süßkartoffel (400 g)
je ½ Bund Koriandergrün und
Petersilie
Salz | Pfeffer

Orientalisch würzig

Für 2 Personen |
15 Min. Zubereitung |
45 Min. Garen
Pro Portion ca. 395 kcal,
11 g E, 13 g F, 58 g KH

1 Die Zwiebel schälen und fein würfeln. Safranfäden mit 150 ml heißem Wasser übergießen und kurz ziehen lassen. Olivenöl in einem Topf erhitzen, darin Zwiebel bei kleiner Hitze 5–7 Min. andünsten. Gemahlene Gewürze und Tomatenmark zugeben und kurz mitrösten, mit Safranwasser ablöschen. Tomaten zugeben und alles offen bei mittlerer Hitze 20 Min. köcheln lassen.

2 Inzwischen die Kichererbsen in ein Sieb abgießen, dabei Einlegeflüssigkeit auffangen. Süßkartoffel schälen, Enden gerade schneiden. Süßkartoffel mit dem Spiralschneider in breite Streifen hobeln, diese kürzer schneiden (siehe S. 5). Koriandergrün und Petersilie waschen, trocken schütteln, grob hacken und bis auf 2 EL mit den Süßkartoffelnudeln mischen.

3 Die Süßkartoffelnudeln unter die Sauce rühren. Kichererbsen dazugeben, aber nicht unterrühren, sondern nur in die Sauce drücken. Alles zugedeckt bei mittlerer Hitze weitere 20–25 Min. garen. Immer wieder kontrollieren, ob noch genügend Flüssigkeit im Topf ist. Bei Bedarf Kichererbsenflüssigkeit zugeben. Die Süßkartoffelnudeln sollten gar sein, aber nicht zerfallen.

4 Vor dem Servieren erneut mit Salz und Pfeffer abschmecken und mit den übrigen Kräutern bestreuen. Wer nicht Low Carb essen möchte, serviert Couscous dazu.

TIPP   Fein dazu: 150 g Joghurt mit 2 EL gehacktem Koriandergrün, ½ TL gemahlenem Kreuzkümmel und 1 EL Olivenöl verrühren, mit Salz und Pfeffer würzen.

KÜRBIS-ERDNUSS-CURRY

800 g Butternuss-Kürbis (der obere Teil) | 1 Schalotte | 5 Kaffir-Limettenblätter | 1 EL Sonnenblumenöl | ½ TL rote Thai-Currypaste | 200 g Kokosmilch (aus der Dose) | 200 ml Gemüsebrühe | 2 EL Fischsauce | 1 TL Erdnussmus | 2 EL Limettensaft

Mild und cremig

Für 2 Personen | 25 Min. Zubereitung
Pro Portion ca. 353 kcal, 8 g E, 26 g F, 18 g KH

1 Den Kürbis waschen, putzen und schälen. Das Fruchtfleisch zurechtschneiden und mit dem Spiralschneider in dünne Streifen hobeln, diese kürzer schneiden (siehe S. 5). Schalotte schälen, längs halbieren und in Spalten schneiden. Kaffir-Limettenblätter waschen, trocken tupfen, die harte Mittelrippe herausschneiden und die Blatthälften jeweils in feine Streifen schneiden.

2 Das Öl in einem Topf erhitzen, die Schalottenspalten darin andünsten. Die Kürbisnudeln dazugeben und kurz mitbraten. Die Currypaste unterrühren, dann Kokosmilch und Gemüsebrühe zugeben. Mit Fischsauce würzen, Kaffir-Limettenblätter und Erdnussmus unterrühren.

3 Das Kürbis-Curry zugedeckt bei mittlerer Hitze in 8–10 Min. bissfest garen. Mit Limettensaft abschmecken und sofort servieren.

TIPP

Wer möchte, kann zusätzlich 150 g in schmale Streifen geschnittenes Rinderfilet mit dem Erdnussmus unter die Sauce rühren und mitgaren.

ZUCCHINI-FRITTATA

2 Zucchini | 1 Zwiebel | 50 g Bergkäse | 4 Zweige
Thymian | 4 Eier | Salz | Pfeffer | 3 Msp. edelsü-
ßes Paprikapulver | 3 EL Öl

Unkompliziertes Abendessen

Für 2 Personen | 25 Min. Zubereitung
Pro Portion ca. 345 kcal, 24 g E, 25 g F, 7 g KH

1 Die Zucchini waschen, putzen und die Enden
abschneiden. Die Zucchini mit dem Spiralschneider in dünne Streifen hobeln, diese kürzer schneiden (siehe S. 5). Zwiebel schälen und klein würfeln.
Den Käse fein reiben. Thymian waschen, trocken
schütteln, Blättchen abzupfen und fein hacken. Die
Eier verquirlen und mit Salz, Pfeffer und Paprikapulver würzen.

2 In einer beschichteten Pfanne 2 EL Öl erhitzen,
darin die Zwiebel goldbraun andünsten. Die Zucchininudeln zugeben, salzen, pfeffern und unter
Rühren 3–5 Min. bei starker Hitze braten, bis sie
leicht bräunen. Zuletzt den Thymian unterrühren.
Die Zucchininudeln aus der Pfanne nehmen und
mit einer Gabel zu 4 »Nestern« formen.

3 Die Pfanne mit Küchenpapier säubern, das übrige Öl darin erhitzen. Die Eier hineingießen. Die
Zucchininudel-Nester sofort in die Eier geben und
mit einem Pfannenwender leicht platt drücken.
Den geriebenen Käse aufstreuen und leicht andrücken. Bei mittlerer Hitze 3–5 Min. garen, bis die Eimasse gestockt ist. Die Frittata zum Wenden auf
einen Teller gleiten lassen und auf der anderen
Seite in 2–3 Min. fertig backen.

KÜRBIS-AUBERGINEN-LASAGNE

Ein herrlich aromatischer Auflauf, der mich an Auberginen-Parmigiana erinnert! Mit einem Spiralschneider geht es blitzschnell. Wer mit der Hand hobelt, ersetzt Kürbis durch Möhren.

2 Auberginen
Salz
700 g Butternuss- oder
Muskat-Kürbis
2 Stangen Staudensellerie
2 Zwiebeln
1 Knoblauchzehe
8 Zweige Thymian
4 EL Olivenöl
Pfeffer
1 Dose passierte
Tomaten (400 g)
½ TL Gemüsebrühe (Instant)
1 Kugel Mozzarella (125 g)
50 g Parmesan

Low Carb all'italiana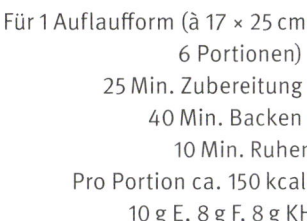

Für 1 Auflaufform (à 17 × 25 cm;
6 Portionen) |
25 Min. Zubereitung |
40 Min. Backen |
10 Min. Ruhen
Pro Portion ca. 150 kcal,
10 g E, 8 g F, 8 g KH

1 Die Auberginen waschen, putzen und längs in ca. 7 mm dicke Scheiben schneiden, salzen und in einem Sieb Wasser ziehen lassen. Inzwischen den Kürbis putzen, schälen, in passende Stücke schneiden und mit dem Sparschäler in dünne Streifen hobeln, diese kürzer schneiden (siehe S. 5); es sollten ca. 400 g Kürbisnudeln sein. Staudensellerie waschen, putzen, die Stangen längs in Streifen schneiden, diese klein würfeln. Zwiebeln und Knoblauch schälen und fein würfeln. Thymian waschen, trocken schütteln, Blättchen von den Stielen zupfen und fein hacken.

2 2 EL Öl in einer beschichteten Pfanne erhitzen, Auberginen trocken tupfen und in der Pfanne portionsweise leicht braun braten, salzen, pfeffern und herausnehmen. Übriges Öl in die Pfanne geben, darin Zwiebeln, Knoblauch und Sellerie andünsten. Kürbisnudeln untermischen, salzen, pfeffern und unter Rühren leicht anbraten. Thymian und Tomaten zugeben, gekörnte Brühe unterrühren und alles 10–12 Min. bei mittlerer Hitze offen garen, bis der Kürbis weich ist. Mit Salz und Pfeffer würzen, leicht abkühlen lassen.

3 Den Backofen auf 180° vorheizen. Mozzarella trocken tupfen und in Scheiben schneiden, Parmesan fein reiben. Eine ofenfeste Auflaufform mit der Hälfte der Auberginen auslegen. Ein Drittel des Parmesans daraufstreuen, darauf die Hälfte des Mozzarellas legen. Die Hälfte der Kürbismasse darauf verteilen, mit den restlichen Auberginen abdecken. Wieder ein Drittel des Parmesans und restlichen Mozzarella darauf verteilen, dann die übrigen Kürbisnudeln. Mit übrigem Parmesan bestreuen und alles glatt in die Form drücken. Im heißen Ofen (Mitte) ca. 40 Min. garen. Herausnehmen, 10–15 Min. ruhen lassen, dann anschneiden.

TIPP Noch raffinierter wird es, wenn man ½ TL Zimtpulver und ⅓ TL Chiliflocken in die Tomatensauce rührt.

KÜRBIS-PIZZA MIT RUCOLA

Wer hätte das gedacht? Selbst Pizzateig lässt sich durch Gemüsenudeln lecker ersetzen,
vor allem, wenn würziger Käse und feine Kräuter schon darin stecken.

750 g Butternuss-Kürbis
½ TL getrockneter Thymian
2 EL geriebener Mozzarella
2 EL frisch geriebener Parmesan
2 EL Kichererbsenmehl
Salz | Pfeffer
2 EL Olivenöl
1 Ei (L)
2 Fleischtomaten
1 Bund Rucola
2 EL Crema di balsamico

Für Kurbel-Spiralschneider 🌿

Für 1 Tarte- oder Springform
(24 cm ⌀; 6 Stücke) |
25 Min. Zubereitung |
25 Min. Backen
Pro Stück ca. 150 kcal,
8 g E, 8 g F, 12 g KH

1 Den Backofen auf 200° vorheizen, Tarte- oder Springform mit Backpapier auslegen. Kürbis schälen, putzen, in passende Stücke schneiden und mit dem Spiralschneider in feine Streifen hobeln, diese kürzer schneiden (siehe S. 5). Die Kürbisnudeln mit Thymian, Mozzarella, Parmesan und Kichererbsenmehl mischen, salzen und pfeffern. Das Backpapier mit ½ EL Olivenöl ausstreichen und die Kürbisnudeln darauf verteilen, glatt in die Form drücken, mit ½ EL Olivenöl bestreichen.

2 Im heißen Ofen (Mitte) 15 Min. garen, bis die Kürbisnudeln weich sind. Inzwischen das Ei verquirlen, salzen und pfeffern. Die Form aus dem Ofen nehmen, das Ei rasch und gleichmäßig über die Kürbisnudeln gießen, dafür mit einer Gabel in die Kürbismasse stechen, damit das Ei auch nach unten laufen kann. Anschließend weitere 10 Min. backen, bis das Ei gestockt ist.

3 Inzwischen Tomaten waschen und quer in dünne Scheiben schneiden, dabei Stielansatz entfernen. Rucola waschen, trocken schleudern, grobe Stiele wegschneiden, Blätter leicht zerzupfen.

4 Pizza aus dem Ofen nehmen, kurz abkühlen lassen und aus der Form heben. Mit Tomaten belegen, diese leicht salzen und pfeffern, Rucola darüberstreuen und mit Crema di balsamico und übrigem Öl beträufeln. Mit Pfeffer übermahlen und servieren.

TIPP Wer möchte, kann zusätzlich noch ein paar Scheiben Parmaschinken oder dünn geschnittene Chorizo mit dem Rucola auf den Tomaten verteilen.

SÜSSKARTOFFEL-BURGER

Keiner will mehr auf Burger verzichten, wenn gebackene Süßkartoffelbuns die Basis bilden. Das ist wirklich die Luxusvariante des Fast-Food-Klassikers …

2 Süßkartoffeln (ca. 600 g)
Salz
300 g mageres Rinderhackfleisch
Pfeffer
1 Tomate
1 Avocado
1 EL Limettensaft
½ TL gemahlener Kreuzkümmel
2 Msp. Chiliflocken
1 Ei (L)
3 EL Kichererbsenmehl
Öl zum Braten
Pergamentpapier

Burgerglück

Für 2 Personen |
75 Min. Zubereitung
Pro Stück ca. 1030 kcal,
48 g E, 59 g F, 77 g KH

1 Süßkartoffeln schälen, Enden gerade schneiden. Süßkartoffeln mit dem Spiralschneider in dünne Streifen hobeln. Mit 1 Prise Salz in einer Schüssel mit den Händen kräftig durchkneten und zusammendrücken. Einen kleinen Teller auf die Gemüsenudeln legen und diesen mit einer sauberen Konservendose beschweren. Die Gemüsenudeln 30 Min. Wasser ziehen lassen.

2 Das Hackfleisch salzen und pfeffern und zu 2 Pattys (à 1 cm Dicke) formen. Auf einem mit Öl ausgestrichenen Teller mit Frischhaltefolie abgedeckt 30 Min. in den Kühlschrank stellen.

3 Tomate waschen, quer in Scheiben schneiden, den Stielansatz entfernen. Avocado halbieren, entkernen und das Fruchtfleisch aus der Schale löffeln. Mit Limettensaft beträufeln, grob zerdrücken, mit Salz, Pfeffer, Kreuzkümmel und Chiliflocken würzen.

4 Backofen auf 200° vorheizen. Süßkartoffelnudeln ausdrücken und mit Küchenpapier trocken tupfen. Ei verquirlen, mit Kichererbsenmehl unter die Gemüsenudeln mischen. 4 runde Plätzchen (à 9–10 cm Ø) daraus formen und gut festdrücken. Reichlich Öl in einer Pfanne erhitzen, die Plätzchen darin bei mittlerer Hitze beidseitig braun anbraten. Herausnehmen, auf einen mit Pergamentpapier ausgelegten Rost legen und im heißen Ofen (Mitte) in ca. 8 Min. fertig garen. Abkühlen lassen.

5 Eine Grillpfanne mit Öl ausstreichen, darin die Hackfleisch-Pattys von jeder Seite 4–5 Min. braten, kurz ziehen lassen. Avocadomus auf den Süßkartoffelbuns verteilen. Auf je 2 Buns die Hackfleisch-Pattys platzieren, darauf die Tomatenscheiben verteilen. Mit den übrigen Süßkartoffelbuns abdecken und servieren.

ZUCCHINI-MÖHREN-TARTE

Der Star auf jedem Büfett. Für den richtigen Dreh braucht es ein bisschen Fingerspitzengefühl, aber nach drei bis vier Nudelrunden hat man dann den Bogen raus.

Für den Teig:
150 g Mehl
Salz
50 g kalte Butter
Für den Belag:
2 Zucchini (à 200 g)
2 dicke Möhren (à 200 g)
70 g würziger Bergkäse
200 g Schmand
3 Eier (M)
3 Stängel Estragon
Salz | Pfeffer
frisch geriebene Muskatnuss
Außerdem:
Butter für die Form
Pergamentpapier
Mehl zum Arbeiten
Hülsenfrüchte zum
Blindbacken

Ein echter Hingucker 🌱

Für 1 Tarte- oder Quicheform
(26 cm ∅; 12 Stücke) |
35 Min. Zubereitung |
30 Min. Ruhen |
40 Min. Backen
Pro Stück ca. 165 kcal,
6 g E, 11 g F, 11 g KH

1 Mehl und ¼ TL Salz mischen, Butter in Flöckchen zugeben und mit den Händen zu Krümeln zerreiben. 80 ml kaltes Wasser unterrühren, dann mit den Händen zu einem lockeren Teig formen – nicht kneten! Zur Kugel formen, in Frischhaltefolie schlagen und 30 Min. im Kühlschrank ruhen lassen.

2 Zucchini und Möhren waschen und putzen. Die Möhren schälen. Mit dem Sparschäler längs möglichst breite Streifen abziehen, dabei die Zucchini jeweils von 4 Seiten abwechselnd schälen (Bild 1). Das innere weiche Stück nicht verwenden. Käse fein reiben. Schmand und Eier glatt verrühren. Estragon waschen, trocken schütteln, Blättchen abzupfen, hacken und mit dem Käse unter die Eiermasse rühren. Kräftig mit Salz, Pfeffer und Muskatnuss würzen.

3 Den Backofen auf 200° vorheizen, die Form mit Butter fetten. Teig auf einer bemehlten Arbeitsfläche etwas größer als die Form ausrollen, in die Form legen und einen Rand formen. Den Teigboden mehrmals mit einer Gabel einstechen (Bild 2) und mit Pergamentpapier abdecken, Hülsenfrüchte hineingeben und im Ofen (Mitte) 10 Min. blind backen. Herausnehmen, Papier samt Hülsenfrüchten entfernen, Tarte leicht abkühlen lassen.

4 Die Eimasse auf dem Teigboden verteilen. Abwechselnd aus Zucchini- und Möhrenstreifen spiralförmig einen Kreis formen und in die Mitte der Masse setzen. Weitere Zucchini- und Möhrenstreifen um den kleinen Kreis legen (Bild 3), bis der Tarteboden bis zum Rand ausgelegt ist. Die Tarte im Ofen 30–40 Min. backen. Herausnehmen, 10 Min. ruhen lassen, dann in Stücke schneiden und servieren.

SÜSSKARTOFFEL-ZIMT-WAFFELN

2 Süßkartoffeln (ca. 750 g) | 3 EL Sonnen-
blumenöl | 250 g Sahnequark (40 % Fett) |
4 EL Ahornsirup | 125 g Beeren (Him- oder Hei-
delbeeren) | 2 Eier (M) | Salz | 1 Pck. Vanillezu-
cker | 1 TL Zimtpulver

Für Naschkatzen

Für 2 Personen | 40 Min. Zubereitung
Pro Portion ca. 805 kcal, 26 g E, 34 g F, 96 g KH

1 Süßkartoffeln schälen, Enden gerade abschneiden. Die Süßkartoffeln mit dem Spiralschneider in
dünne Streifen hobeln, diese kürzer schneiden
(siehe S. 5). 1½ EL Öl in einer beschichteten Pfanne
erhitzen, die Süßkartoffelnudeln darin 12–15 Min.
dünsten, bis sie weich sind. Leicht abkühlen lassen.

2 Inzwischen den Quark mit 2 EL Ahornsirup und
1–2 EL Wasser glatt und cremig verrühren. Die Bee-
ren vorsichtig verlesen. Zwei Drittel davon unter
den Quark heben.

3 Ein Waffeleisen vorheizen und dünn mit Öl aus-
pinseln. Eier mit 1 Prise Salz und Vanillezucker verquirlen. Zimt über die Süßkartoffelnudeln stäuben,
Eier darübergießen und alles gut vermengen.

4 Ein Viertel der Masse gleichmäßig auf der unteren Hälfte des Waffeleisens verteilen, das Waffeleisen schließen und die Waffel schön dunkelbraun
backen. Herausnehmen und aus dem übrigen Teig
3 weitere Waffeln backen. Jeweils 1 Klecks Beeren-
quark auf jede Waffel geben und die übrigen Bee-
ren darüberstreuen. Den restlichen Ahornsirup
über die Waffeln träufeln. Sofort servieren.

PASTINAKEN-MÖHREN-PUFFER

500 g süße Äpfel (z. B. Boskop) | 2 EL Zitronensaft | 1 Pck. Vanillezucker | ½ Zimtstange | 2 dicke Möhren (350 g) | 2 dicke Pastinaken (300 g) | 8 EL Öl | Salz | 3 Eier (M) | 1½ EL Speisestärke | 40 g gemahlene Haselnüsse

Süße Kartoffelalternative

Für 2 Personen | 40 Min. Zubereitung |
20 Min. Braten
Pro Portion ca. 640 kcal, 16 g E, 38 g F, 58 g KH

1 Äpfel schälen, vierteln, Kerngehäuse entfernen. Die Viertel in kleine Stücke schneiden, mit Zitronensaft mischen und mit 125 ml Wasser, Vanillezucker und Zimtstange in einen Topf geben. Einmal aufkochen lassen, dann bei kleiner Hitze zugedeckt 15–20 Min. köcheln, bis die Äpfel zerfallen. Abkühlen lassen, Zimtstange entfernen und Äpfel nach Belieben mit dem Stabmixer feiner pürieren.

2 Inzwischen Möhren und Pastinaken schälen, an den Enden gerade schneiden. Möhren und Pastinaken mit dem Spiral-schneider in dünne Streifen hobeln, diese kürzen (siehe S. 5). 2 EL Öl in einer beschichteten Pfanne erhitzen, das Gemüse darin 3–5 Min. unter Rühren braten, bis es biegsam ist, salzen, herausnehmen.

3 Eier mit Stärke verquirlen, die Haselnüsse unterrühren. Gemüsenudeln dazugeben und gründlich untermischen. 2 EL Öl in der Pfanne erhitzen, mit zwei Gabeln etwas von der Möhren-Pastinaken-Masse hineingeben und zu einem flachen Plätzchen drücken. 3–5 Min. bei mittlerer Hitze braten, dann wenden und die zweite Seite knusprig braun braten. Portionsweise aus dem restlichen Teig und mit dem übrigen Öl 12 Plätzchen braten, auf Küchenpapier abtropfen lassen und mit dem Apfelmus servieren.

REGISTER

Damit Sie Rezepte mit bestimmten Zutaten noch schneller finden, sind in diesem Register auch beliebte Zutaten wie **Gurke** oder **Zucchini** alphabetisch eingeordnet und hervorgehoben. Darunter finden Sie das Rezept Ihrer Wahl. Vegetarische Rezepte, die im Buch mit einem 🌿 gekennzeichnet sind, sind hier grün abgesetzt.

Projektleitung: Marline Ernzer
Lektorat: Margarethe Brunner
Korrektorat: Jutta Friedrich
Innen- und Umschlaggestaltung: independent Medien-Design, Horst Moser, München
Illustrationen: Julia Hollweck
Herstellung: Petra Roth
Satz: Kösel, Krugzell
Reproduktion: Repro Ludwig, Zell am See
Druck und Bindung: Schreckhase, Spangenberg
Syndication: www.seasons.agency. Ein Unternehmensbereich der StockFood GmbH, Tumblingerstr. 32, 80337 München, Tel.: 089 7472020
Printed in Germany

2. Auflage 2017
ISBN 978-3-8338-5889-5

 www.facebook.com/gu.verlag

GRÄFE UND UNZER

Ein Unternehmen der
GANSKE VERLAGSGRUPPE

Die Autorin

Tanja Dusy ist freie Foodjournalistin in München und ein echter Profi beim Thema Ernährungstrends. Ihre Rezepte in zahlreichen Büchern überzeugen seit vielen Jahren durch Kreativität und absolute Verlässlichkeit. Von ihr sind im GRÄFE UND UNZER VERLAG bereits mehrere prämierte Kochbücher erschienen.

Die Fotografen

Andrea Kramp und **Bernd Gölling** lernten sich während des Fotodesign-Studiums kennen. Seit 1983 arbeiten sie gemeinsam für Redaktionen, Verlage und Agenturen in ihrem Studio bei Hamburg im Bereich Food und Still Life. Zusammen mit **Hermann Rottmann** (Foodstyling) haben sie die Gemüse-Spirelli in Szene gesetzt.

Bildnachweis

Titelfoto: Vivi D'Angelo, München; Autorenfoto: Monika Schürle, Berlin; alle anderen Fotos: Kramp + Gölling Fotodesign, Reeßum

Titelrezept

Pastinakennudeln alla puttanesca (S. 32)

Umwelthinweis:

Dieses Buch ist auf PEFC-zertifiziertem Papier aus nachhaltiger Waldwirtschaft gedruckt.

QUALITÄTS
G|U
GARANTIE

Liebe Leserin, lieber Leser,

haben wir Ihre Erwartungen erfüllt? Sind Sie mit diesem Buch zufrieden? Haben Sie weitere Fragen zu diesem Thema? Wir freuen uns auf Ihre Rückmeldung, auf Lob, Kritik und Anregungen, damit wir für Sie immer besser werden können.

GRÄFE UND UNZER Verlag
Leserservice
Postfach 86 03 13
81630 München
E-Mail:
leserservice@graefe-und-unzer.de

Telefon: 00800 / 72 37 33 33*
Telefax: 00800 / 50 12 05 44*
Mo–Do: 9.00 – 17.00 Uhr
Fr: 9.00 – 16.00 Uhr
(* gebührenfrei in D, A, CH)

Ihr GRÄFE UND UNZER Verlag
Der erste Ratgeberverlag – seit 1722.

Backofenhinweis:

Die Backzeiten können je nach Herd variieren. Die Temperaturangaben in unseren Rezepten beziehen sich auf das Backen im Elektroherd mit Ober- und Unterhitze und können bei Gasherden oder Backen mit Umluft abweichen. Details entnehmen Sie bitte Ihrer Gebrauchsanweisung.

Appetit auf mehr?

ISBN 978-3-8338-3775-3

ISBN 978-3-8338-5323-4

ISBN 978-3-8338-4433-1

ISBN 978-3-8338-5341-8

ISBN 978-3-8338-5015-8

 Alle hier vorgestellten Bücher
sind auch als eBook erhältlich.

APFELNUDEL-DESSERTS

Auch wer sich sonst bewusst gesund ernährt, hat manchmal einfach Lust auf etwas Süßes!
Ein luftig-leichter Auflauf und ein winterlicher Joghurt kommen da gerade recht.

QUARK-APFEL-AUFLAUF

Für 2 Förmchen (à ca. 12 cm ⌀): Backofen auf
180° vorheizen. 1 festen Apfel waschen, mit dem
Spiralschneider in grobe Streifen hobeln, diese
kürzen und sofort mit 1 EL Zitronensaft mischen.
1 Eiweiß mit 1 Prise Salz mit den Schneebesen
des Handrührgeräts steif schlagen, gegen Ende
1 TL Zucker einrieseln lassen. 1 Eigelb mit 1 EL Zucker schaumig schlagen, dann 125 g Magerquark,
1 EL Zucker und 1 TL Rosinen unterrühren. Den
Eischnee unterheben und die Masse in zwei mit
Butter gefettete ofenfeste Förmchen geben. Apfelnudeln darausetzen und leicht in die Masse ein-
drücken. 1 EL Zucker mit ⅓ TL Zimtpulver mischen
und darüberstreuen. Im heißen Ofen 30 – 35 Min.
backen, warm servieren.

BRATAPFEL-JOGHURT

Für 2 Gläser: 2 feste Äpfel waschen, trocken reiben und mit dem Spiralschneider in grobe Streifen
hobeln, diese kürzen und sofort mit 1 TL Zitronensaft mischen. 1 EL Butter in einem beschichteten
Pfännchen schmelzen, 2 EL Honig und ½ TL Zimtpulver unterrühren. Äpfel hineingeben und gut
durchschwenken, bei großer Hitze 1 Min. garen,
dann 1–2 EL Rum (oder Wasser) und 1 EL Zitronensaft unterrühren, 1–2 Min. garen, ohne dass die
Äpfel zu weich werden, abkühlen lassen. 2 EL Walnusskerne und 1 EL Pistazienkerne grob hacken.
300 g Sahnejoghurt mit 1 Pck. Vanillezucker glatt
verrühren und in Gläser füllen. Apfelnudeln samt
Garsud daraufgeben und mit gehackten Walnüssen und Pistazien bestreuen.